Bradong Azangue Ndonfack

La meilleure façon de faire la pâtisserie au quotidien Tome II

Bradong Azangue Ndonfack

La meilleure façon de faire la pâtisserie au quotidien Tome II

Plus de 25 Recettes certifiés pour une formation accélérée en pâtisserie particulière et spécialisé

Éditions Vie

Cover image: www.ingimage.com

Publisher:
Éditions Vie
is a trademark of
Dodo Books Indian Ocean Ltd. and OmniScriptum S.R.L publishing group

120 High Road, East Finchley, London, N2 9ED, United Kingdom
Str. Armeneasca 28/1, office 1, Chisinau MD-2012, Republic of Moldova, Europe
Printed at: see last page
ISBN: 978-613-9-59478-8

Bradong Azangue Ndonfack

La meilleure façon de faire la pâtisserie au quotidien

Tome II

Recettes certifiées

Dédicace spéciale

à Mon Miel d’OR

Naoussi Arielle

Merci à monsieur Romain Tsakou Promoteur du Centre de Formation en Hôtellerie et Restauration BOANERGES

A Dschang

Merci à Leroy Céleste des pâtisseries Céleste A Yaounde

Merci à monsieur le Directeur Gilbert Lekeulem du Centre de Formation en Hôtellerie et Restauration BOANERGES

Merci à Loïc Nague Aristel A Douala

Merci à ma collaboratrice Dongmo vicky des pâtisseries Vicky A dschang

Merci au concept Mia et Flo cake des pâtisseries miel d'or A Bertoua

SOMMAIRE

Les incontournables :

Les plats :

Desserts :

Meringues à la cannelle

Nougat glacé aux pistaches et groseille

Smoothie melon et menthe, émietté de sablé

Tartelettes aux fraises et sauce fouettée au caramel

Tiramisu aux fruits rouges

Verrines de compote de fruits exotiques et congolais façon crumble

Pate à sucre, glaçage miroir

Les incontournables

Pâte brisée

250 g de farine
190 g de beurre mou6 g de sel
60 g d'eau

Avec le crochet
à pétrir :

Mettez tous les ingrédients hormis l'eau dans la cuve puis sélectionnez lavitesse 4. Quand le mélange est granuleux, ajoutez l'eau et continuez à battre jusqu'àl'obtention d'une boule. Arrêtez le batteur et mettez la pâte dans du film alimentaire. Placez-la 1h au réfrigérateur.
Mettez la pâte à cuire la pâte entre 180° et 200°C.

Astuce : La pâte brisée s'utilise généralement avec des préparations saléescomme les quiches par exemple.

Pâte sablée

250 g de farine
100 g de sucre
2 pincées de sel
170 g de beurre mou
2 jaunes d'œufs

Avec le crochet à pétrir :

Placez tous les ingrédients dans la cuve puis sélectionnez la vitesse 4, jusqu'à ce que la pâte forme une boule. (si la pâte ne forme pas de bouleet garde un aspect granuleux, pressez simplementla pâte entre les mains pour former une boule). Mettez la pâte au réfrigérateur 1h. Mettez la pâteà cuire à 180°C.

Pâte à foncer

250 g de farine
160 g de beurre mou30 g de sucre
2 g sucre
125 g de farine5 œufs

Mettez la farine et le beurre dans la cuve puis sélectionnez lavitesse 4 jusqu'à ce que le mélange devienne granuleux.
Ajoutez le reste des ingrédients et continuez à battre jusqu'àce qu'une boule se forme. Arrêtez immédiatement le batteur (il ne faut jamais trop travailler une pâte). Mettez la pâte dans du film alimentaire etplacez-la au réfrigérateur pendant une heure.
Sortez la pâte 5 minutes avant de la travailler pour la ramollir.

Astuce : La pâte à foncer s'utilise généralement avec despréparations sucrées et est aussi plus souple que la pâtebrisée.

125 g d'eau 125 g de lait 125 g de beurre2 g sel
2 g sucre
125 g de farine5 œufs

Pâte à choux

Dans une petite casserole, portez le lait, l'eau, le sucre, le sel et le beurre à ébullition. Enlevez du feu et incorporez la farine d'un coup en remuant à l'aide d'une spatule. Si la pâte ne se forme pas en boule tout de suite, desséchez-la en remettant la casserole sur le feu et en remuant vigoureusement jusqu'à ce que la pâte se détache des parois.
Mettez la pâte dans la cuve du batteur avec « la feuille » comme embout et battez-la à vitesse 4 pendant 1 minute pour la refroidir.
Incorporez petit à petit les œufs battus.
Lorsque l'on prend un peu de pâte entre les doigts, celle-ci doit retomber légèrement. Cuire à 200° à 210°C

Pâte à brioche

6 œufs
500 g de farine
2 sachets de levure de boulanger75 g de sucre
12 g de sel
350 g de beurre

Avec le crochet à pétrin :

Mettez la farine dans la cuve, parsemez de levure, puis mettez au centrele sel, le sucre et les œufs et démarrer la machine :
Vitesse 2 : 1 minute
Vitesse 3 : 8 minutes, ajoutez le beurre et pétrissez 2 minutes de plus. Couvrez la pâte d'un linge humide et laissez la poser 1 heure àtempérature ambiante (environ 26°C) Au bout de 1 heure rompez la pâte(cassez la pour enlever le gaz) : laissez pousser à nouveau pendant 1heure et rompez à nouveau la pâte.
Placez la pâte au réfrigérateur 1 heure (environ 5°C)
Formez la pâte selon la taille souhaitée, mettez dans des moules adaptés et laissez pousser à nouveau 1 heure à température ambiante avec un linge humide par-dessus.
Mettez la pâte à cuire entre 200° et 210°C de 15 à 30 minutes en fonctionde la taille de brioches.

Blancs en neige

4 blancs d'œufs

Mettez les blancs dans la cuve du batteur avec le crochet « fouet » et battez vitesse 3 pendant 1 minute.
Ajoutez une pincée de sel et augmentez la vitesse au maximum (5) jusqu'à l'obtention de blancs en neige fermes. Arrêtez immédiatement lebatteur et utilisez les blancs en neige pour la recette de votre choix.

Astuce : ne jamais trop travailler des blancs en neige sinon ils retombent. Toujours utiliser des blancs en neige immédiatement après qu'ils soient montés, sinon ils retombent.

Pâte à pizza

300 g de farine
3 c à soupe d'huile d'olive150 g d'eau
(1 à 2 sachet de levure boulangère = facultatif)

Dans une petite casserole, portez le lait, l'eau, le sucre, le sel et le beurre à ébullition. Enlevez du feu et incorporez la farine d'un coup en remuant à l'aide d'une spatule.
Si la pâte ne se forme pas en boule tout de suite, desséchez-la en remettant la casserole sur le feu et en remuant vigoureusement jusqu'à ce que la pâte se détache des parois.
Mettez la pâte dans la cuve du batteur avec « la feuille » comme embout et battez-la à vitesse 4 pendant 1 minute pour la refroidir.
Incorporez petit à petit les œufs battus.
Lorsque l'on prend un peu de pâte entre les doigts, celle-ci doit retomber légèrement. Cuire à 200° à 210°C

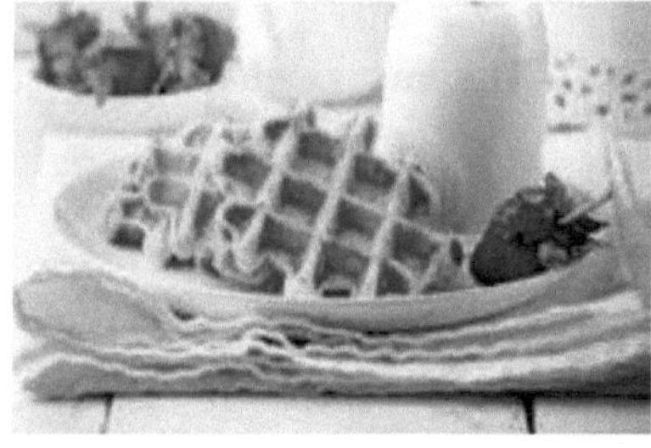

Pâte à gaufre

125 g de beurre fondu 250 g de farine
10 g de levure de boulanger5 gde sucre
5 g de sel 450 g de lait
4 blancs d'œufs battus en neige

Avec le crochet fouet du batteur :
Mélangez la farine, le sel, le sucre et la levure et battez le tout sur vitesse 3. Augmentez à vitesse 4et ajoutez et le lait, le beurre fondu et les œufs battus en neige.
Cuire dans un gaufrier avec un peu de beurre.

Pour la détrempe :

250 g de farine
3 g de sel 125 g d'eau
50 g de beurre

Pour le tourage :

200 g de beurre secnormal

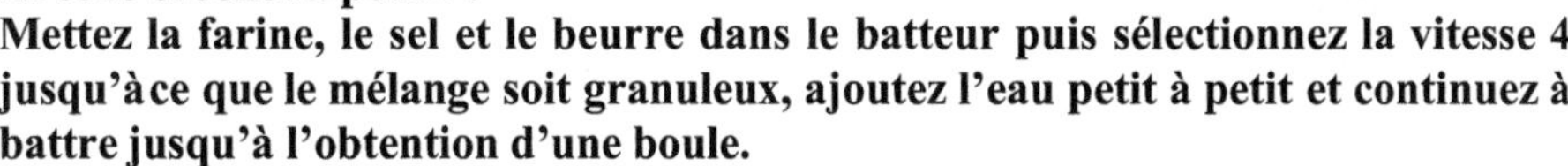

La détrempe :
Avec le crochet à pétrir :
Mettez la farine, le sel et le beurre dans le batteur puis sélectionnez la vitesse 4 jusqu'àce que le mélange soit granuleux, ajoutez l'eau petit à petit et continuez à battre jusqu'à l'obtention d'une boule.
Formez une boule avec les mains, tracez une croix à l'aide d'un couteau et placer 30 minutes au frais dans un film plastique.

Le tourage :
Le premier tour :
Farinez légèrement la table de travail et la détrempe, puis abaissez la détrempe en un grand carré à l'aide d'un rouleau à pâtisserie. Ramollissez et aplatissez le beurre en le frappant avec le rouleau à pâtisserie, placez-le au milieu de la détrempe et ramenez lesextrémités de la pâte vers le centre pour emprisonner le beurre. Placerzle rouleau au centre de la pâte et faites-le rouler vers soi. Faites de même dans l'autre sens et continuez ainsi à abaisser la pâte jusqu'à formation d'une bande 3 fois plus longue quelarge. Pliez la pâte en 3 : rabattez le tiers de la pâte le plus éloigné de soi sur le milieu, puis repliez le tiers restant sur le dessus pour former un pâton de trois couches. Tourner le pâton pour que le bord coupé du dernier pli se trouve sur la droite. Bloquezla pâte : placez le rouleau à 1 cm d'un bout de la pâte et appuyez sur le rouleau avec unmouvement de va et vient ; faites de même à l'autre bout. Le premier des six tours qui seront donnés à la pâte est terminé.

Pour les 5 autres tours :
Refarinez légèrement la table et le pâton et faites un 2eme tour comme le premier. Dans le coin supérieur gauche du pâton plié et tourné, faites 2 petites pressions avecles doigts : Ceci pour se rappeler que 2 tours ont été faits à la pâte.
Mettez la pâte dans du film alimentaire et placez la 30 minutes au réfrigérateur. Faites les3ème et4ème tours. Après le 4ème tour, faites 4 petites pressions et laissez reposer40 minutes au frais avant de faire le 5ème tour. Terminez avec le 5ème et 6ème tour.
Après le dernier tour, laissez reposer 30 minutes au frais avant de détailler la pâte.
Cuireà 180°C.
Astuce : Plus le repos au frais avant cuisson sera long plus la pâte montera bien et seralégère. La pâte feuilletée se congèle très bien.

Pâte à macarons

Macarons :
500 g de poudre d'amandes
500 g de sucre glace
200 g de blanc d'œuf

Avec le crochet fouet du batteur, mélangez à vitesse 3 le sucre glace, les blancs d'œufs et la poudre d'amande afin de former une pâte. Réservez et nettoyez la cuve.
Mélangez le sucre et l'eau et cuire à 108°C.
Lancez au même moment la montée des blancs en neige, afin de synchroniser les 2 préparations.
Quand le sirop est à 108°C et que les blancs sont en neige,versez en filet le sirop dans les blancs en neige avec le fouet du batteur à vitesse 5, lorsque la meringue italienne se forme, continuez à battre 20 secondes vitesse 5 et arrêtez le batteur.
Mélangez délicatement la meringue italienne et la pâte d'amande avec une corne (ou une spatule). Rabattez la pâte pour obtenir un mélange légèrement brillant et coulant. Dressez sur une feuille de papier sulfurisé avec une pocheà douille et des douilles numéro 10. Laissez croûter 30 minutes et cuire à 140°C chaleur tournante.

Les plats

Burger de veau au basilic

Préparation : 1h - Cuisson : 25 min - Pour 6 burgers

Pâte à pain :

5 cl d'eau

15 cl de lait tempéré

20 g de beurre mou

1 œuf

250 g de farine de type T651 c à café de sel

1 c à café de levure de boulanger2 blancs d'œuf

40 g de graines de sésame

Garniture :

800 g de veau (filet, longe, quasi ou noix)

12 feuilles debasilic

6 tranches de fromage à hamburger

6 petites feuillesde sucrine

1 concombre

6 c à soupe de sauce barbecue ou chili

100 g debeurre

Préparez les pains.

Versez l'eau et le lait dans le bol en inox.

Ajoutez le beurre coupé en morceaux, l'œuf battu en omelette et le sel. Versez enfin la farine tamisée et la levure. Pétrissez à l'aide du crochet pétrisseur, 90 secondes vitesse1 et 5 minutes vitesse 2.

Recouvrez le bol d'un linge humide et laissez gonfler 30 minutes, dans la cuisine.

Pétrissez de nouveau la pâte pendant 5 minutes, vitesse 2.

Posez la pâte sur un plan de travail fariné.

Préchauffez le four th 1 (30°) et placez un bol rempli d'eau à l'intérieur du four.

Divisezla pâte en 6 pâtons.

Roulez-les sur eux-mêmes pour obtenir 6 pains ronds. Disposez-les sur une plaquerecouverte de papier de cuisson.

Éteignez le four et placez la plaque à l'intérieur pour laisser gonfler les pains, fourfermé, pendant 30 minutes. Sortez-les du four et allumez le four à 210° (th 7).

Badigeonnez les 6 pains de blanc d'œuf et saupoudrez-les de graines de sésame.

Faites cuire les pains à burger pendant 15 à 20 min.

Sortez-les du four, laissez-les tiédir avant de les couper en deux. Coupez la viande enmorceaux et hachez-la à l'aide du hachoir.

Mixez ou ciselez finement les feuilles de basilic. Mélangez le basilic avec la viande deveau hachée, salez et poivrez.

Formez 6 steaks et faites-les griller au barbecue ou dans une poêle bien chaude, sansmatière grasse. Confectionnez les burgers.

Grillez l'intérieur des pains au barbecue ou au toaster, puis beurrez-les encore chauds.Répartissez sur la moitié des pains le fromage, la sucrine, les rondelles de concombre et les steaks. Assaisonnez de sauce recouvrez de pain et dégustez.

Brochettes de boulettes de poulet/agneau à la coriandre

Pour 4 personnes - Préparation : 20 min - Cuisson : 12 min environ - Repos : 20 min

250 g de blanc de volaille
250 g de gigot d'agneau
5 brins de coriandre
5 cl d'huile d'olive

Pour la chapelure :
2 œufs
100 g de farine
200 g de noisette
200 g de pain rassis mixé

Préparez les boulettes de viande. Effeuillez la coriandre.Coupez les viandes en morceaux et hachez-les ensemble avec la coriandre en vous servant du hachoir du robot.
Déposez le mélange dans une assiette et roulez 24 boulettes de viande, dans la paume de vos mains. Mixezensemble les noisettes et les morceaux de pain rassis.
Versez-les dans une assiette creuse. Cassez et battezles œufs dans un bol.
Farinez les boulettes de poulet puis passez-les dans les œufs battus en omelette et enfin dans le mélange de noisette.
Confectionnez 8 petites brochettes de boulettes, enpiquant 3 boulettes par brochette.
Dans une poêle, faites chauffer l'huile et faites griller les brochettes, 5 à 6 minutes de chaque côté. Servez ces brochettes accompagnées de riz et de sauce aigre doucepar exemple.

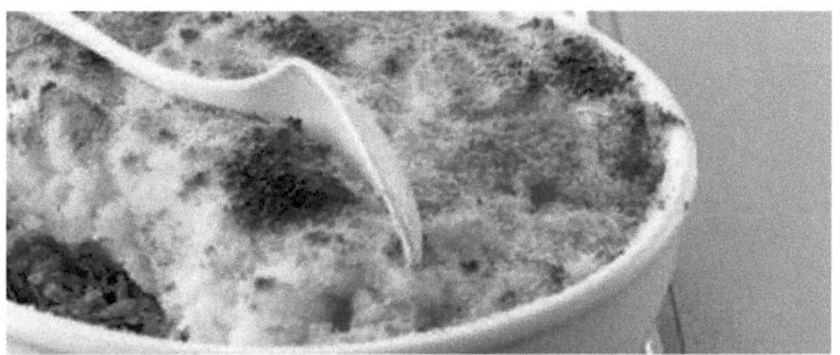

Hachis parmentier de canard

Pour 4 personnes - Préparation : 20 min –Cuisson : 55 min

400 g de magret de canard sans la peau ou confit
500 g de pomme de terre à purée
100 g de beurre demi-sel fondu
2 oignons
150 g de chapelure
2 c à soupe d'huile d'olive
20 cl de bouillon de volaille chaudsel et poivre

Coupez la viande en morceaux ou dépiautez le confit, pour récupérer la chair. Pelez et émincez les oignons.
Hachez ensemble la viande et les oignons au hachoir à viande, vitesse 5. Faites-les ensuite revenir, dans une poêle, avec l'huile d'olive.
Émiettez-les avec une fourchette puis versez le bouillon chaud et faites cuire le tout, 15 minutes. Préparez une purée de pomme de terre.
Faites cuire les pommes de terre dans une casserole d'eau, pendant25 minutes environ. Égouttez-les, éplu- chez-les et écrasez-les à lafourchette.
Préchauffez le four à 240° (th 8). Beurrez un moule à gratin. Disposez la viande cuite au fond du plat avec le jus de cuisson.Recouvrez-la de purée et versez le beurre fondu.
Saupoudrez le plat de chapelure.
Faites cuire le hachis pendant 15 minutes et servez aussitôt.

Petits pains farcis à la viande cuits à la vapeurPour 12 petits pains - Préparation : 40 min - Cuisson : 20 min - Repos : 2h

Pour la pâte :

200 g de farine de blé

15 g de levure de boulanger

1/2 c à soupe de levure chimique1 c à soupe d'huile de tournesol

1/2 c à soupe de sucre semoule

Pour la farce :

250 g de rôti de porc avec barde

1 petit oignon jaune

5 brins de persil

1 c à soupe d'huile de tournesol + 2 pour le panier vapeur

Pour la farce :

Coupez la viande en morceaux. Pelez l'oignon et coupez-le en 4. Effeuillez le persil.Hachez les 3 ingrédients ensemble, dans le hachoir du robot.

Faites chauffer l'huile, dans une sauteuse et faites revenir la farce, pendant 5 minutes à feu vif. Laissez tiédir. Préparez la pâte à pain :

Diluez dans 12 cl d'eau tiède, le sucre et la levure de boulanger. Laissez fermenterpendant 10 minutes. (le mélange va mousser).

Versez la farine dans le bol en inox et ajoutez la levure fermentée et l'huile de tournesol. Pétrissez à l'aide du crochet pétrisseur, 1 minute, vitesse 1 puis 6 minutes vitesse 2, jusqu'à obtenir une pâte. Couvrez le bol d'un linge et laissez lever la pâte, pendant 2 heures minimum. Faites dégonfler la pâte en la tapant à l'aide du poing.

Versez la levure chimique et pétrissez, vitesse 1, pendant 30 secondes. Divisez la pâte en12 parts. Disposez au centre de chaque boule une bonne cuillérée à café de farce.

Remontez les bords de chaque côté vers le haut de manière à recouvrir la farce de pâteà pain. Pressez bien pour souder la pâte et posez les petits pains dans un plat légèrement farinéafin qu'ils n'at- tachent pas. Renouvelez l'opération jusqu'à obtenir 12 petits pains.

Disposez les petits pains (soudure vers le bas) dans le cuit vapeur et faites cuire pendant 15 minutes.

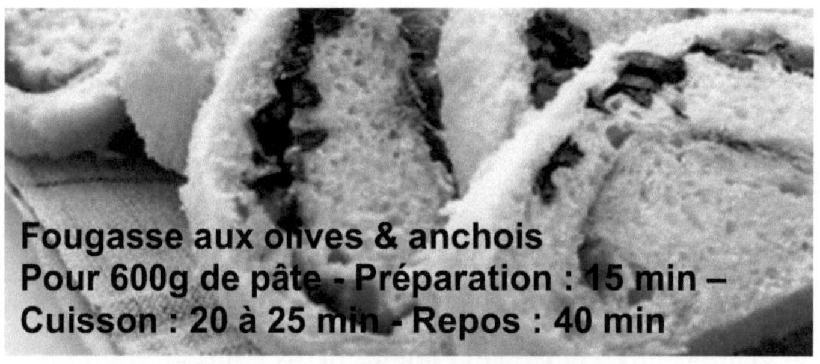

Pour la pâte à pain :
22 cl d'eau
2,5 c à soupe d'huile d'olive1 grosse c à café de sel
360 g de farine T65
2 c à café de levure de boulanger

Pour la garniture :
50 g de sauce tomate
50 g d'olives noires dénoyautées12 filets d'anchois égouttés
5 cl d'huile d'olive

Mélangez la farine à la levure.
Versez l'eau, l'huile d'olive et le sel dans le bol en inox. Ajoutezla farine.
Pétrissez à l'aide du crochet pétrisseur, 90 secondes vitesse 1et 5 minutes vitesse 2. Recouvrez le bol d'un linge humide et laissez gonfler 40 minutes, dans la cuisine.
Pétrissez de nouveau la pâte pendant 5 minutes, vitesse 2. Préchauffez le four à 180° (th 6).
Posez la pâte sur un plan de travail fariné. Étalez la pâte sur unplan de travail fariné, pour faire un rectangle de 20 cm sur 30. Mixez les anchois. Coupez les olives en rondelles.
Badigeonnez le centre du rectangle sur toute sa longueur de sauce tomate et parsemez d'anchois hachés. Refermez 1/3 dela pâte vers le centre et soudez la pâte en appuyant dessus avec les doigts.
Parsemez le dessus d'olives et recouvrez du tiers restant. Vous obtenez ainsi un rectangle d'environ 20 cm sur 10.Badigeonnez-le d'huile d'olive. Faites cuire la fougasse 20 à 25min. (selon l'épaisseur de la fougasse)
Laissez-la refroidir et coupez-la en carrés ou tartine etproposez-la en apéro, par exemple.

Pour la pâte à tagliatelles :
350 g defarine tamisée

350 g de semoule de blé dur fine
1 c à café desel7 gros œufs
2 c à soupe d'huile d'olive

Pâtes & sauce bolognaise «maison»
Préparation : 40 min - Cuisson : 1h40 environ - Pour 6 personnes

Pour la sauce :
600 g de steak de bœuf
2 oignons jaunes4 tomates pelées et coupées en dés
1 carotte pelée et coupée en rondelles
1 branche de céleri émincée1 botte de persil haché
25 cl de vin rouge corsé
1 petite boîte de concentré de tomates
5 c à soupe d'huile d'oliveFleur de sel Poivre

Versez tous les ingrédients de la pâte dans le bol en inox et battez à l'aide du fouet ballon, pendant 3 minutes environ, jusqu'à ce que la pâte forme une boule.
Coupez la boule en 6 parts et enroulez chaque pâton dans un film alimentaire. Placez-les au réfrigérateur, pendant 30 minutes.
Réalisez des spaghettis ou tagliatelles en passant les pâtons dans le hachoir avec le disque à pâte de votre choix. Étendez les pâtes obtenues sur un cintre et laissez-les sécher ainsi pendant 2 heures.
Préparez la sauce.
Pelez et coupez l'oignon en morceaux.
Coupez la viande en morceaux et hachez les morceaux de viande et d'oignons en les passant dans le hachoir de la machine. Dans une cocotte, faites chauffer l'huile.
Faites revenir, à feu vif, la viande et l'oignon hachés, pendant 4minutes, en remuant régulièrement.
Ajoutez le reste des ingrédients et mélangez le tout. Portez à ébullition, puis couvrez et laissez mijoter, à feu doux, pendant 1 h environ.
Retirez le couvercle et prolongez la cuisson pendant encore 30 minutes. Faites bouillirun grand volume d'eau salé.
Plongez les pâtes dedans et faites-les cuire ainsi, environ 5 à 8 minutes. (goûtez-les pour vérifier la cuisson). Egouttez-les. Mélangez les pâtes avec la moitié de la sauce. Répartissez les pâtes dans les assiettes et recouvrez-les de la sauce restante. Décorezde persil haché et servez avec du parmesan râpé.

Carpaccio de navet cru & saumon fumé, sauce pamplemousse & aneth

Pour 4 personnes - Préparation : 15 min - Sans cuisson

4 petits navets nouveaux
2 tranches de saumon fumé

Pour la déco : 2 brinsd'aneth

Pour la sauce :
1 gros pamplemousse rose1 brin d'aneth
1 c à soupe d'huile d'olivesel et poivre

Préparez la sauce :
Coupez le pamplemousse en deux et à l'aide du presse agrume, pressez le pamplemousse. Versez le jus dans le bol mélangeur dublender, ajoutez l'huile d'olive et l'aneth.
Appuyez sur le bouton « pulse » et mélangez 20 secondes. Versez la sauce dans un bol.
Rincez les navets et coupez les extrémités.
Coupez les navets en carpaccio, en vous servant du disque trancheur de votre appareil, pour obtenir de belles tranches fineset régulières.
Récupérez les tranches de navet dans le bol et étalez-les sur unplat avec rebords. Versez la sauce sur le carpaccio de navets.
Salez légèrement et poivrez.
Filmez le plat et conservez-le au réfrigérateur jusqu'au moment deservir.
Coupez alors le saumon fumé en lanières. Répartissez-les sur leplat, décorez de brins d'aneth et servez.

Salade semoule, carottes & concombre râpées, lardons grillés & sauce coriandre, orange & huile olive

Pour 4 personnes - Préparation : 20 min - Cuisson : 5 min

500 g de semoule de blé
2 c à soupe d'huile d'olive
2 grosses carottes
1 concombre
200 g de lardons ou allumettesde bacon

Pour la sauce :
1 oranges
2 c à soupe d'huiled'olive
5 brins de coriandre
sel et poivre

Préparez la semoule. Versez-la dans un saladier. Arrosez-la de 2 cuillerées à soupe d'huile d'olive. Salez et poivrez.
Faites bouillir de l'eau. Versez l'eau bouillante à hauteur de semoule. Mélangez rapidement le tout à la fourchette et couvrez.
Laissez la semoule de blé gonfler ainsi pendant 5 minutes, mélangez de nouveau à lafourchette. Couvrez le saladier et laissez encore 10 minutes.
Égrainez la semoule cuite en la mélangeant à la fourchette, puis laissez-la refroidir. Coupez les oranges en deux et à l'aide du presse agrume, pressez les 3 oranges. Versez le jus dans le bol du blender.
Effeuillez la coriandre et ajoutez les feuilles ainsi que l'huile d'olive dans le blender. Pulsez 20 secondes. Versez la sauce dans un saladier.
Rincez les carottes et le concombre. Épluchez-les si nécessaire. Coupez-les en tronçons de 10 cm. Râpez les légumes à l'aide du disque râpeur gros et versez-les dans le saladier avecla sauce. Ajoutez la semoule et mélangez le tout. Faites griller les lardons dans une poêle sans matière grasse, égouttez-les et versez-les dans la salade. Mélangez, salez et poivrez.
Filmez le saladier et conservez-le au réfrigérateur jusqu'au moment de servir.

Rillettes de thon express au citron & câpres

Pour 4 personnes - Préparation : 5 min - Sans cuisson

1 **boîte de thon à l'huile**
2 **1 c à soupe de câpres**
3 **c à soupe de crème fraîcheépaisse ou fromage frais**
½ citron confit au sel

Égouttez le thon. Coupez le citron confit en petitsdés.
Versez le thon avec la crème fraîche dans le bol,après avoir fixé la lame à hacher dans le bol.
Hachez, vitesse III pendant 1 minute.
Ajoutez les câpres et le citron confit et hachez 20secondes.
Versez les rillettes dans un joli bol ou pot. Filmez et placez-le au réfrigérateur jusqu'au moment de servir les rillettes accompagnées de tartines de pain grillées par exemple.

Purée de potimarron, marrons & cannellePour 4 personnes - Préparation : 10 min - Cuisson : 20 min environ

300 g de potimarron
200 g de marrons cuits
1 bâton de cannelle
1 tablette de bouillon de légumes
1 l de lait

Coupez le potimarron en cubes. Versez le lait et tous les ingrédients de la recette dans une casserole. Mélangez.
Faites cuire à feu doux, jusqu'à ce que le potimarron soit tendre quand vous le piquez avec une pointe de couteau (20 minutes environ).
Récupérez les morceaux de potimarron cuits et les marrons. Disposez-les dans le bol mélangeur du blender. Fermez etpulsez 10 secondes.
Ajoutez ½ louche du lait chaud de cuisson et mixez 1 minute. Versez de nouveau ½ louche et mixez jusqu'à ce que vous ayezla consistance de purée que vous souhaitez, c'est-à-dire plus ou moins ferme ou onctueuse. Vous pouvez remplacer le lait par du beurre ou de la crème fraîche.

Brochettes de boulettes de poulet à l'estragon, sauce tomate maison
Pour 4 personnes - Préparation : 20 min -\ Cuisson : 12 min environ - Repos : 20 min

350 g de blanc de volaille
200g de farce
5 brins d'estragon
1 carotte râpée
5 cl d'huile d'olive

Pour la sauce :

100 g de tomate pelée
5 cl d'huile de tournesol
3 gouttes de Tabasco sel et poivre

Préparez les boulettes de poulet. Effeuillez l'estragon.Coupez les blancs de volaille en morceaux.
Déposez-les dans le bol du robot, après y avoir fixé la lame à hacher.Hachez le poulet pendant 30 secondes, vitesse III.
Ajoutez la farce, les carottes râpées et l'estragon. Hachez le toutpendant 1 minute, vitesse IV.
Déposez le mélange dans une assiette et roulez 24 boulettes de poulet, dans la paume de vos mains. Confectionnez 8 petites brochettes de boulettes, en piquant 3 boulettes de poulet par brochette.
Versez les ingrédients de la sauce dans le bol mélangeur du blenderet pulsez pendant 20 secondes. Nappez les brochettes de sauce tomate puis laissez-les reposer 20 minutes, dans un plat.
Dans une poêle, faites chauffer l'huile et faites griller les brochettes,avec la sauce, 5 à 6 minutes de chaque côté.
Remplacez le poulet par du veau ou de l'agneau.

Velouté de chou-fleur au Comté

4 personnes - Préparation : 15 min - Cuisson : 30 min

1 chou-fleur
100 g de fromage comté
2 tablettes de bouillon cube de volaille
1 l d'eau
10 cl de crème fraîche liquide sel et poivre

Coupez le fromage en morceaux.
Lavez le chou-fleur, ôtez les feuilles et coupez-le en plusieurs morceaux. Faites chauffer l'eau dans une casserole avec les tablettes de bouillon cube. Ajoutez lechou-fleur et faites cuire pendant 25 minutes environ (jusqu'à ce que le chou-fleur soit tendre quand vous le piquez avec une pointe de couteau).
Versez ½ litre d'eau de cuisson, dans le bol mélangeur du blender, puis ajoutez les morceaux de chou-fleur et de comté et la crème fraîche. Poivrez et salez. Pulsez 20 secondes et mixez 2 minutes.
Servez la soupe immédiatement.

LES DESSERTS

Nougat glacé aux pistaches & groseilles

**Pour 6 verrines - Préparation : 30 min –
Cuisson : 3 min Congélation : 10h pour un grand moule / 4h pour des verrines**

20 cl de crème fleurette entière froide

70 g de sucre semoule

1/2 c à soupe de miel liquide d'acacia

80 g de pistaches non salées et pignon depin

100 g de groseille

1 pincée de sel

Dans un premier temps, caramélisez les fruits secs dans une poêle, sans matière grasse. Faites-les griller pendant 1 minute puis saupoudrez-les de 40 g de sucre. Caramélisez 2 à 3 minutes en mélangeant les fruits secs à l'aide d'une cuillère en bois pour les séparer.

Ôtez-les du feu et disposez-les sur une feuille de papier de cuisson. Laissez- les refroidir.

Préparez la crème glacée :

Séparez les blancs des jaunes.

Dans un saladier, mélangez les jaunes au sucre. Faites chauffer le miel, dans une petite casserole.

Versez les blancs d'œuf dans le bol en inox et battez à l'aide du fouet ballon, vitesse 5, pendant 6 minutes. Versez le miel chaud tout en continuant de fouetter.

Incorporez les blancs en neige progressivement aux jaunes d'œuf. Rincez le bol en inox à l'eau froide et essuyez.

Versez la crème fleurette et fouettez la crème en chantilly à l'aide du batteur, vitesse 4, pendant 5 minutes. Mélangez délicatement la chantilly, à l'aide d'une cuillère en bois, à la préparation de blanc en neige.

Incorporez enfin les fruits secs caramélisés et les grains de groseille. Répartissez la préparation dans 6 verrines. Filmez-les et placez-les au congélateur pendant 4 heures minimum. Décorez d'une branche de groseille au moment de servir.

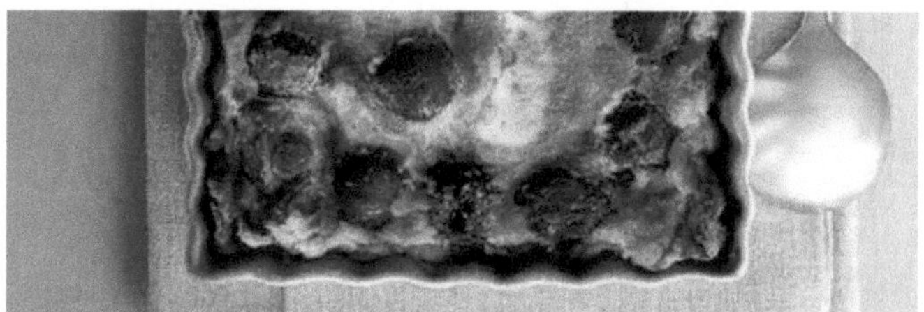

Clafoutis aux cerises & nougat

Pour 6 personnes - Préparation : 15 min - Cuisson : 25 min

400 g de cerises
1 gousse de vanille
130 g de farine
150 g de sucre
100 g de nougat blanc en cubes
4 gros œufs
40 dl de lait entier
30 g de beurre salé

Préchauffez le four à 210° th 7. Rincez les cerises et équeutez-les.Fendez une gousse de vanille en deux.
Raclez la gousse à l'aide d'une pointe de couteau pour récupérer les grains et faites chauffer le lait avec la gousse et les grains. Éteignez le feu et laissez infuser.
Faites fondre (et non cuire) le beurre dans une petite casserole. Cassez les œufs dans le bol en inox et ajoutez le sucre. Battez-les aubatteur, vitesse 3 pendant 1 minute. Versez progressivement la farinetout en continuant de battre.
Incorporez ensuite le beurre fondu et enfin le lait.
Dans un moule à manquer beurré (ou 6 moules individuels) disposez les cerises et les cubes de nougat, versez la pâte sur le dessus et faites cuire le clafoutis, pendant 25 minutes.
Laissez tiédir avant de déguster.

Laissez la gousse de vanille dans le clafoutis, elle continuera de parfumer la préparation pendant la cuisson.

Tiramisu aux fruits rouges
Pour 6 personnes - Préparation : 25 min - Cuisson : 5 min - Réfrigération : 4h

3 gros œufs froids
80 g de sucre semoule
250 g de mascarpone
350 g de biscuit rose ou boudoirs 300 g de fruits rouges (fraises, framboises, groseilles, mûres)
1 pincée de sel
50 g de noisette en poudre

Pour le sirop :
1 bâton de cannelle,
1 bonne c à soupe de sucre semoule 30 dl d'eau
2 c à soupe de liqueur de framboise

Préparez le sirop.
Faites bouillir l'eau avec le bâton de cannelle et le sucre, pendant 5 minutes, puis laissez tiédir. Ajoutez la liqueur de framboise.
Séparez les blancs des jaunes d'œuf.
Dans le bol en inox, salez et montez les blancs en neige, bien fermes, à l'aide du fouet ballon, vitesse 5, pendant 6 minutes.
Versez-les dans un saladier.
Rincez le bol en inox, versez les jaunes et le sucre et fouettez pendant 1 minute.
Ajoutez progressivement le mascarpone en fouettant, vitesse 5.
Versez alors cette préparation dans un saladier et incorporez progressivement les blancs en neige.
Dans une assiette creuse, versez le sirop puis imbibez les biscuits roses 5 secondes de chaque côté, avant de tapisser le fond d'un moule à manquer ou de 6 ramequins individuels.
Alternez une couche de biscuit, une couche de fruits, une couche épaisse du mélange mascarpone et renou- velez une fois l'opération pour finir par le mascarpone.
Saupoudrez de noisette en poudre. Filmez le plat et placez-le au réfrigérateur, pendant 4 h, avant de déguster.

Meringues à la cannelle
Préparation : 20 min - Cuisson : 45 min - 4 personnes -Pour 10 à 12 meringues

80 g de sucre semoule
100 g de sucre glace tamisé
½ c à soupe de cannelle enpoudre3 blancs d'œufs
1 pincée de sel

Préchauffez four à 120° (th 4).
Versez les blancs d'œuf dans le bol en inox puis battez-les en neige au fouet ballon, vitesse 5. Lorsqu'ils sont montés, versez le sucre glace et la cannelle tout en continuant de fouetter. Ajoutez ensuite le sucre semoule. Le mélange devient très épais.Sur une plaque allant au four, posez une feuille de papier de cuisson.
A l'aide d'une poche à douilles ou de 2 cuillères, répartissez en petits tas les meringues sur la feuille de cuisson.
Faites cuire les meringues pendant 45 min.
Éteignez le four, ouvrez la porte et laissez les meringues refroidir,pendant 5 min avant de les sortir. Une meringue réussit, doit êtremoelleuse à l'intérieur.

Bûche génoise au chocolat & éclat de dragées Préparation : 45 min - Cuisson : 10 min - Réfrigérateur : 3h - Pour 6 personnes

Pour la génoise :

20 g de cacao en poudre5 gros œufs
160 g de sucre semoule80 g de farine tamisée 50 g de Maïzena
1 c à soupe d'huile végétale

Pour le sirop :

2 c à soupe de liqueur de framboise 40 g desucre semoule

Pour la ganache au chocolatblanc :

250g de chocolat blanc à pâtissier
20 cl de crème fraîche

liquide

Pour la garniture :

60 g de mascarpone froid
7 cl de crème Fleurette froide
50 g de sucre de cassonade
100 g de brisures de framboises

Pour la décoration :

80 g de dragées roses

Préparez le sirop en mélangeant dans une casserole le sucre avec 15 cl d'eau. Portez à ébullition puis ajoutez, hors du feu, la liqueur de framboise. Laissez refroidir. Préparez la ganache.
Faites fondre le chocolat râpé, à feu doux, dans une casserole.
Versez et mélangez, en fouettant, la crème fleurette au chocolat jusqu'à ce qu'il soit bien incorporé à la crème. Le mélange doit être brillant. Ôtez du feu.
Versez dans un bol et placez-le au réfrigérateur pendant 30 minutes. Préparez la génoise au chocolat.
Préchauffez le four th 7 (210°).
Posez une feuille de papier de cuisson sur une plaque à rebords allant au four. Huilez-la légèrement.
Séparez les blancs des jaunes. Dans le bol en inox, battez, vitesse 3, au crochet batteur, les jaunes avec le sucre jusqu'à ce que le mélange blanchisse. Versez la farine, le cacao et la Maïzena et battez encore 2 minutes.
Versez la préparation dans un saladier, rincez le bol en inox à l'eau froide etmontez le blancs en neige au fouet ballon, vitesse 5.
Versez 1 bonne cuillerée à soupe de sucre semoule, dès que les œufs commencent à mousser. Incorporez les blancs en neige à la préparation.
Étalez la pâte obtenue, un peu liquide, sur la feuille de papier cuisson. Inclinez la plaque pour bien répartir la pâte et faites-la cuire, pendant 8 minutes.
Sortez la génoise du four et posez-la à l'envers, sur un torchon propre et humide. Retirez le papier et roulez la génoise encore chaude sur elle-même. Laissez-la tiédir, déroulez la génoise et imbibez la génoise de sirop.
Versez le mascarpone, la crème fleurette, le sucre et les framboises dans le bol en inox. Battez 30 secondes au batteur, vitesse 3.
Répartissez cette crème sur la génoise et roulez-la sur elle-même (sans le torchon). A l'aide d'une spatule, étalez la ganache sur toute la bûche. Disposez la bûche sur un plat, filmez et placez-la au réfrigérateur pendant 4heures. Décorez la bûche de dragées roses concassées au moment de servir.

Cake au citron & pavot
Pour 6 personnes - Préparation : 20 min - Cuisson : 40 à 45 min - Repos : 1h

3 gros œufs
150 g de beurre demi- sel ramolli
150 g de sucre semoule
2 citrons non traités 1 c à soupe de pavot
200 g de farine de blé tamisée
1 sachet de levure chimique alsacienne

Lavez les citrons. Prélevez les zestes d'un citron et le jus des deux.Faites fondre le beurre et mélangez-le aux jus et zestes des citrons.Cassez et versez les œufs dans le bol en inox et ajoutez le sucre. Fouettez au crochet batteur, vitesse 3, pendant 1 minute.

Versez le beurre citronné et fouettez de nouveau 1 minute. Mélangez la farine avec la levure et versez-la progressivementdans le bol. Ajoutez enfin les graines de pavot.

Battez, vitesse 4, pendant 5 minutes. Beurrez un moule à cake. Versez votre préparation dans le moule. Recouvrez-le d'un torchonpropre et laissez-le gonfler ainsi pendant 1 heure, à températureambiante.

Préchauffez le four th 6 /180°.

Faites cuire le cake au citron, pendant 40 à 45 minutes.

Sortez-le du four et laissez-le refroidir complètement avant de ledémouler.

Glace minute aux framboises & Spéculoos
Pour 4 personnes –
Préparation : 10 min - Sans cuisson

400 g de framboises surgelées80 g de sucre semoule
3 yaourts nature ou vanille 6 gâteaux de type
Spéculos

Cassez les gâteaux en 2 puis mixez-les dans le bol du robot avec la lame à hacher quelques secondes, vitesse II.
Versez-les dans un ramequin.
Faites décongeler les framboises, en les versant dans un égouttoir. Laissez-les ainsi à température ambiante pendant 30 minutes.
Versez les yaourts nature dans le bol mélangeur du blender. Ajoutez les framboises légèrement décongelées et saupoudrez de sucre.
Pulsez 10 secondes, puis mixez vistesse I pendant 2 à 3 minutes, de manière à ce que tous les ingrédients soient bien mélangés.
Répartissez la glace dans 4 jolies verrines et décorez de gâteaux mixés. Servez aussitôt.

Smoothie melon & menthe, émietté de sablé

Pour 4 personnes
- Préparation : 10 min - Sans cuisson

1 melon bien mûr gâteaux types sablésbreton
3 branches de menthe2boules de glaces au yaourt

Cassez les gâteaux en 2.
Mixez-les quelques secondes, dans le bol du robot avec lalame à hacher, vitesse II. Versez-les dans un ramequin.
Coupez le melon en cubes.
Dans le bol mélangeur du blender, versez les cubes de melon et la menthe Pulsez 30 secondes. Ajoutez la glace auyaourt et mixez, vitesse II, pendant 2 minutes.
Répartissez dans 4 grands verres, saupoudrez de sablésmixés et servez aussitôt les smoothies.

Tartelettes aux fraises & sauce fouettée au caramel

Pour 4 à 6 personnes - Préparation : 15 min – Cuisson : 25 min

Préchauffez le four à 180° (th 6).
Épluchez et coupez les bananes en petits morceaux. Mélangez la levure avec la farine.
Cassez et versez les œufs dans le bol du robot après avoir fixé la lame de pétrissage. Ajoutez le sucre et pétrissez les deux ingrédients, pendant 30 secondes, vitesse II.
Versez la farine, le yaourt et le rhum et pétrissez les ingrédients,pendant 1 minute environ, vitesse III, pour obtenir une pâte homogène.
Ajoutez enfin les morceaux de bananes et les noix de pécan et pulsez 20 secondes. Beurrez un plat ou plusieurs moules à muffins et répartissez la pâte dedans.
Faites cuire le ou les gâteaux ainsi pendant 25 minutes environ. (20 minutes si vous utilisez des moules individuels).
Vérifiez avec une pointe de couteau, la lame doit être sèche. Laissez tiédir et dégustez.

Gâteau au yaourt à la banane & noix de Pécan

Pour 4 à 6 personnes
- Préparation : 15 min - Cuisson : 25 min

3 petites bananes
1 yaourt nature
3pots de yaourts de farine tamisée1 pot de yaourt de sucre semoule
2 œufs
1 sachet de levure chimique
1 c à soupe de rhum brun
1 c à soupe de noix de Pécan concassées
Beurre pour les moules

Préchauffez le four à 180° (th 6).
Épluchez et coupez les bananes en petits morceaux. Mélangez la levure avec la farine.
Cassez et versez les œufs dans le bol du robot après avoir fixé la lame de pétrissage.
Ajoutez le sucre et pétrissez les deux ingrédients, pendant 30 secondes, vitesse II.
Versez la farine, le yaourt et le rhum et pétrissez les ingrédients, pendant 1 minute environ, vitesse III, pour obtenir une pâte homogène.
Ajoutez enfin les morceaux de bananes et les noix de pécan et pulsez 20 secondes.
Beurrez un plat ou plusieurs moules à muffins et répartissez la pâte dedans.
Faites cuire le ou les gâteaux ainsi pendant 25 minutes environ. (20 minutessi vous utilisez des moules individuels).
Vérifiez avec une pointe de couteau, la lame doit être sèche. Laissez tiédir et dégustez.

Verrines de compote de fruits exotiques & congolais façon crumble

Pour 6 personnes –
Préparation : 30 min - Cuisson : 35 min

1 ananas
200 g de mangue3 kiwis
½ c à café de gingembre moulu
100 g de sucre de cassonade

Pour le crumble :
6 congolais ou gâteaux à la noix de coco50 g de pépites dechocolat

Épluchez l'ananas et les kiwis et coupez-les en petits morceaux. Coupez la chair de la mangue en morceaux.
Faites cuire les fruits, à feu doux, dans une grande casserole, avec2 c à soupe d'eau.
Couvrez et laissez cuire, 15 min, en remuant de temps en temps. Ajoutez le gingembre et le sucre. Mélangez et laissez cuire 20 minutes.
Éteignez le feu et laissez tiédir.
Versez les fruits dans le bol après y avoir fixé la lame à hacher. Pulsez 20 secondes, puis mixez pendant 1 minute, vitesse IV.
Répartissez la compote dans 4 à 6 verrines et laissez-la refroidir entièrement. Versez les congolais et les pépites de chocolat dansle bol mélangeur du blender. Pulsez 20 secondes.
Répartissez le mélange sur les verrines et servez.

Gâteau à la clémentine, ganache au chocolat

Pour 4 personnes –

Préparation : 30 min - Cuisson : 50 min

1 clémentines 2 œufs 150 g de sucre de cassonade 100 g de beurre mou 200 g de farine tamisée 1 sachet de levure chimique	**Pour la ganache au chocolat :** 200 g de chocolat noir à pâtissier 20 cl de crème fraîche liquide

Préparez la ganache.

Cassez le chocolat noir en petits morceaux et faites-les fondre au bain marie. Mélangez et retirez du bain marie dès que le mélange est homogène.

Faites chauffer la crème fraîche liquide dans une casserole. Dès qu'elle bout, éteignez le feu et versez le chocolat dedans.

Versez les deux ingrédients dans le bol mélangeur du blender et pulsez 30 secondes.

Versez la ganache dans un saladier, filmez et placez-la tout de suite au réfrigérateur pour la faire refroidir. Préparez le gâteau.

Préchauffez le four à 150° (th 5).

Lavez soigneusement les clémentines avant de les couper en deux. (ôtez les pépins si besoin).

Fixez la lame à hacher dans le bol du robot. Mixez les clémentines entières, vitesse III. Versez-les dans un bol. Fixez la lame à pétrir.

Cassez les œufs et versez-les dans le bol du robot. Ajoutez le sucre et pulsez 20 secondes. Versez la farine, le beurre et les clémentines hachées. Pétrissez le tout pendant 2 minutes, vitesse III.

Beurrez un moule à manquer ou des moules individuels et faites cuire le gâteau ainsi pendant 45 minutes. Laissez-le refroidir complètement avant de le recouvrir de ganache au chocolat en vous aidant d'une spatule. Dégustez

Pate à sucre

1kg de sucre glace
¼ de verres d'eau chaude10 g de gélatine
10 g de CMC
2 cuillères à manger de glucose

Dans un grand plateau tamiser lesucre glace
Puis verser dans une bassinesolide ou dans un saladier
Faire un creux au centre

Puis dans un Bole solide Verser le quart d'eau chaudeY ajute de la gélatine
Puis au bain marine, Faire fondre la gélatine
Puis y ajouter deux cuillères àmanger de glucose

Verser au centre du sucre glace tamiser
Mélanger le tout délicatement etramer sur un plan de travail pour bien l'affiner

Garder au frais pendant 12 et vouspouvez l'utiliser
Garde un peu de maïzena pour lafaire décollé sur le plan de travail

L'impression alimentaire se fait avec une machine couleur ;avec l'encre alimentaire sur du papier azyme. Pour l'avoir ilsuffit de me contacter au numéro 00237650212384

Gâteau glaçage chocolaté

200 de sucre semoule1 blanc
d'œuf
50 g de poudre de chocolat

Suivant la préparation par bain marine

Dans votre saladier sur bain marine à feu doux,
Mettez 100 g de sucre semoule avec 1 blanc d'œuf et fairefondre
Ajouter les autre 100 g et faire fondre également
Suivit des de poudre de chocolat et faire fondre le tout

Puis faire descendre quand le tout a bien fondu,
Ajouter le colorant alimentaire de votre choix en fonction d vosaromes,
puis verse sur le gâteau a une température de 20 à 25dégrée C

Printed by Books on Demand GmbH, Norderstedt / Germany